古代人的一天

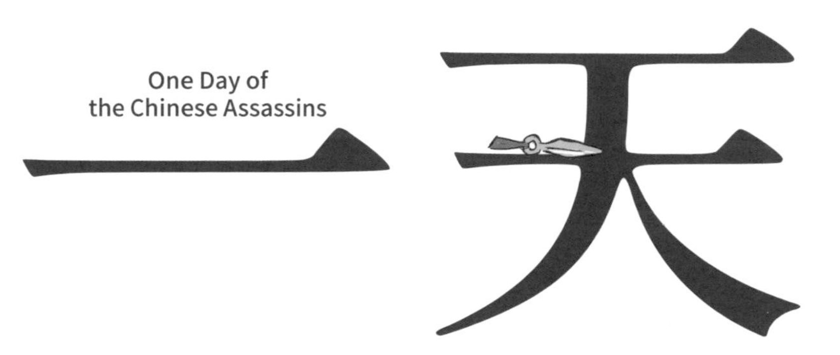

段張取藝

段張取藝工作室　著／繪

三民書局

國家圖書館出版品預行編目資料

俠客的一天／段張取藝工作室 著/繪.——初版二刷.
——臺北市：三民，2021
面； 公分.——（古代人的一天）

ISBN 978-957-14-7025-2（平裝）
1. 中國史 2. 遊俠 3. 通俗史話

610.9 109018392

古代人的一天

俠客的一天

作　　者｜段張取藝工作室
繪　　者｜段張取藝工作室

發 行 人｜劉振強
出 版 者｜三民書局股份有限公司
地　　址｜臺北市復興北路 386 號（復北門市）
臺北市重慶南路一段 61 號（重南門市）
電　　話｜(02)25006600
網　　址｜三民網路書店 https://www.sanmin.com.tw

出版日期｜初版一刷 2021 年 1 月
初版二刷 2021 年 7 月
書籍編號｜S630610
I S B N｜978-957-14-7025-2

圖書許可發行核准字號：文化部部版臺陸字第 109028 號

三民書局

前言

一天，對於今天的我們，可以足不出戶，也可以遠行萬里；可以柴米油鹽，也可以通過網路了解全世界。那麼，一個有趣的想法冒了出來：古代人的每一天會怎麼過？我們對古代人的了解都是透過史書上的一段段文字和故事，從沒有想到他們的一天會是什麼樣子。他們是不是也和我們一樣，早上起來洗臉刷牙，一日吃三餐；晚上，他們會有什麼娛樂活動呢？基於這樣的好奇心驅使，我們開始進行創作，想把古代人一天的生活場景展現在讀者面前。

我們進行「古代人的一天」系列書的創作時，以古代人的身分（或職業）來進行分類，有皇帝、公主、文臣、武將、俠客、畫家、醫生、詩人等等。每種身分（或職業）有著不一樣的生活、工作。比如，皇帝早上究竟幾點鐘起床？起床後他會先工作還是先吃飯？他一天要做哪些工作？他的娛樂生活是什麼？公主的早上需要花多長時間梳妝打扮，她一天的生活與現代女性的有什麼不同？她會花時間讀書寫字嗎？她是練習琴棋書畫，還是忙著參與朝政？俠客為什麼要行刺？行刺前會制訂計劃嗎？如何選擇行刺時機和地點？他的一天究竟是怎樣度過的？

然而，古代人的一天是無法回溯的，古人對時間的感受也和我們不一樣，為了幫助讀者更容易理解古代人的一天是如何度過的，我們在豐富的歷史資料的基礎之上，架構了古代人的一天。

我們在創作中精細地設計了時間線。書中的「一天」是故事從開始到結束整個過程的所有時間，不是嚴格的從 0 點至 24 點完整的 24 小時的自然時間，書中貫穿每個人物一天生活和工作的時間線，也不是按照等分來規定每個小時的長度，時間線的創意設計是為了幫助讀者更容易了解故事發展脈絡。

在《俠客的一天》中，我們聚焦在俠客這個豪邁而傳奇的職業上，從俠客行事的動機出發，讀者將發現俠客中有為民除害的勇士和侍主報恩的忠臣，他們在複雜多變的歷史政治舞臺上或施展自己的武藝與謀略，或造福一方百姓，或殺死一人以救千萬人，如蝴蝶效應般影響歷史的走向。讀者從《俠客的一天》中窺探到俠客們悲壯又傳奇的一生，從而看見歷史羽翼下小人物抗爭的縮影。

在創作《俠客的一天》的具體內容時，需要對一些歷史事件進行濃縮，使一天的內容更為緊湊、豐富，我們借鑑了郭沫若先生在創作《屈原》以及《蔡文姬》時所採用的手法，把精彩的故事濃縮在一天來呈現，這也是為了讓讀者更深入地理解歷史。

希望我們的努力能讓「古代人的一天」成為讀者喜歡的書，能夠讓讀者從一個新的視角去看待中國歷史，從而喜歡上中國歷史故事。

張卓明

2019 年 8 月

目錄

俠客是人類歷史中的一種特殊身分，有時也被稱為刺客，專門用武器謀殺某個目標人物。春秋戰國時期的俠客，其行刺動機往往是因為感激委託人的恩德而實施行刺計劃，帶有俠義精神。大部分刺殺事件背後的動機一般都離不開政治因素或是私人恩怨。

俠客的行動一般非常隱祕，往往事先研究行刺對象，制訂刺殺計劃再展開行動。就像李白在《俠客行》中所說的那樣：「十步殺一人，千里不留行。事了拂衣去，深藏身與名。」讓我們來看看古代俠客的故事，揭開俠客這個古老職業的神祕面紗吧！

專諸的一天

專諸，春秋時期吳國堂邑（今江蘇省南京市六合區）人，身手十分勇猛，一般人都無法打贏他。吳國的公子光一直籌謀奪取吳王僚的王位。西元前 522 年，公子光結識了逃難到吳國的楚國貴族伍子胥，後來，伍子胥向公子光推薦了勇士專諸，來幫他刺殺吳王僚，實現他的野心。

專諸！快回來！
好的。
別讓我再看見
你們！
救命呀！
哎呀！
快跑！

卯初 (5:00)
密謀

吳王僚喜歡吃烤魚，公子光對吳王僚說，自家府上有一個廚師擅長烤魚，特意設宴請他來府上品嚐。吳王僚答應今天來公子光府上吃魚，這是一個刺殺吳王僚的好機會。公子光、伍子胥和專諸仔細推演著刺殺吳王僚的計劃，研究每一個細節，力求萬無一失。

刺殺吳王僚

公　子

春秋戰國時期的公子一般是指諸侯的兒子。

卯初二刻 (5:30)
行刺得有利器

公子光拿出一把匕首遞給專諸，寒光閃閃，十分鋒利，一看就知道是把好匕首。

卯初三刻 (5:45)
冥想

刺殺行動即將開始，專諸手裡拿著匕首，坐下來試著放空自己，讓自己進入忘卻一切的狀態。

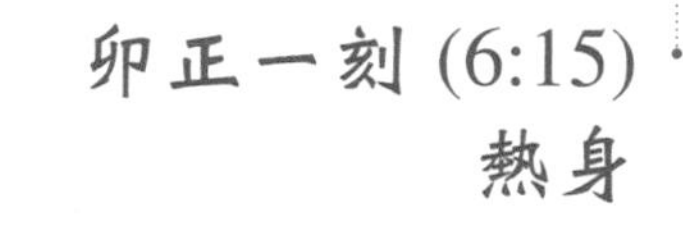

卯正一刻 (6:15)
熱身

專諸活動了一下身子，讓緊張的肌肉放鬆下來。

辰初 (7:00)
埋伏

公子光命令自己手下的士兵全副武裝，然後埋伏在密室中，又讓伍子胥率一百個勇士在外面接應。

巳正二刻 (10:30)
烤魚

準備好材料之後，專諸開始烤魚。

專諸烤魚

為了刺殺吳王僚，專諸特意去太湖邊學烤魚的方法。後人把他奉為「廚師之祖」，恐怕專諸也沒想到他死後會得到這個榮譽。專諸烹煮的魚色澤金黃，外酥內嫩，甜中帶酸，鮮香可口，也是現在蘇杭一帶的名菜糖醋魚的「原型」。

午初 (11:00)
吳王僚來到公子光家

公子光安排妥當之後，吳王僚也帶著衛隊浩浩蕩蕩地來到他家中，衛隊從王宮一路排列到公子光的家裡，衛士們手持長戈，戒備森嚴。

多穿點衣服以防萬一

赴宴之前，吳王僚的母后怕他出意外，便叮囑他要穿三層鎧甲，然後在外面罩上袍服。

皮甲

春秋時期的鎧甲多以皮革製成，其防護效果並不理想。

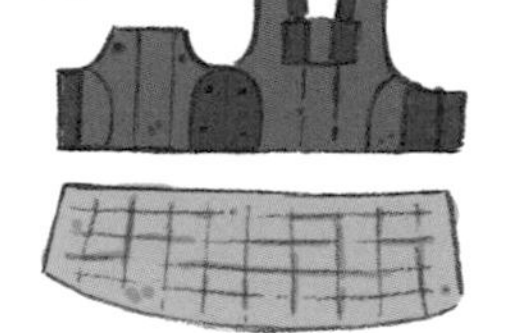

午初二刻 (11:30)
宴席開始

大事不妙。公子光發現給吳王僚上菜的人被要求脫光衣服。

午正 (12:00)
怎麼辦

公子光假裝腳不舒服暫時離開宴會，急忙找專諸商量，專諸靈機一動決定把匕首藏在魚肚子裡。

午正二刻 (12:30)
專諸上菜

專諸按要求脫掉衣服，端著盛魚的鼎，來到殿上為吳王僚上菜。

午正二刻 (12:35)
刺殺吳王僚

吳王僚命令專諸走上前來，專諸恭恭敬敬地將魚放在桌上，突然伸手將魚掰成兩半，從魚的肚子裡飛快地抽出匕首向吳王刺去。匕首鋒利無比，刺穿了吳王僚身上的三層皮甲，吳王僚當場斃命。

刺殺計劃成功

西元前 515 年，公子光派專諸刺殺吳王僚，成功奪取吳國的王位。這一段故事還成為中國京劇傳統劇目《刺王僚》的來源。

公子光的伏兵殺了進來。
衝進去，殺死他們！
怎麼辦！怎麼辦！
趕緊躲起來！
糟糕！武器拿反了。

吳王僚被匕首刺中，當場身亡。
跟我走。
專諸被吳王僚的衛隊殺死。
保護王上！
看不見我，
看不見我。

豫讓的一天

豫讓，春秋時期晉國人。他一直不得志，投靠晉國正卿（執政大臣）智伯後，才受到重視。後來智伯被政敵趙襄子所殺，不僅如此，趙襄子還拿他的頭骨做成酒杯。豫讓十分憤怒，決定要為智伯報仇。「士為知己者死，女為悅己者容」這句話便是出自豫讓之口。

殺人啦！
發生什麼事了？

未正 (14:00)
尋找機會

趙襄子命令犯人修整家中的廁所，豫讓趁機混入犯人之中到趙襄子家裡，尋找刺殺他的機會。

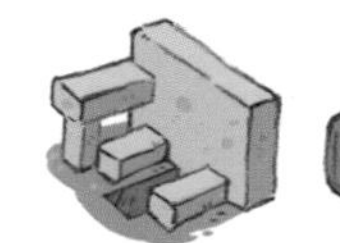

《 蹲坑　夜壺　馬桶 》

古時候各種上廁所的工具。

未正三刻 (14:45) 行刺機會來了

豫讓守株待兔，在屋頂埋伏，等待著趙襄子來上廁所。

申初 (15:00) 行刺失敗了

趙襄子準備進廁所時，豫讓朝趙襄子縱身一躍，被士兵擋住，刺殺失敗。豫讓被俘。

申初一刻 (15:15) 饒他一次

趙襄子審問豫讓時，豫讓直言他就是來為智伯復仇的。趙襄子被他的忠義所感動，沒有為難豫讓，讓手下的士兵把他放走了。

糟糕的易容術

第一次行刺失敗後，豫讓剃掉頭髮，再把漆塗在身上，使皮膚受到刺激後潰爛，全身都長了爛瘡。他又弄啞了嗓子，徹底改變自己的形象，然後想尋求機會再次刺殺趙襄子。

大家千萬不要嘗試。

漆

漆樹產生的樹脂，容易引起皮膚過敏、長瘡。

即使漆身吞炭也能被認出來

豫讓改變了自己的外貌後，連他的老婆都沒認出來，卻被他的一個朋友認出來。朋友問他，你為什麼不去投靠趙襄子，先取得他的信任再伺機刺殺他。豫讓覺得像朋友說的那樣做有悖道義，他沒同意。

埋伏在這裡，一擊必殺！

次日｜巳正 (10:00)
埋伏在橋下

豫讓探聽到趙襄子外出必經的橋，於是埋伏在橋下。

巳正三刻 (10:45)
驚馬

趙襄子一隊人馬過橋的時候，馬突然受驚。趙襄子懷疑有人行刺，派人四處查看。

第二次
刺殺行動

午初 (11:00)
豫讓被發現了

趙襄子的手下經過一番搜索後，果然在橋下發現了鬼鬼祟祟的豫讓。

午初一刻 (11:15)
討要衣服，刺殺結束

趙襄子一再放過豫讓，豫讓覺得自己無法再向他復仇，於是乞求借他的衣服一用。豫讓用劍刺了幾次趙襄子的衣服後，便用劍自殺了。當地的百姓聽聞豫讓的事蹟後，都掩面哭泣。

斬衣三躍

豫讓謀刺趙襄子未遂，拔劍跳起來三次擊斬其衣，以示為智伯報仇，這就是成語「斬衣三躍」的由來。

朱亥的一天

朱亥，戰國時期魏國的勇士，隱居於市井之間，在魏國都城大梁做一名屠夫。他透過侯嬴的推薦成為信陵君的上賓。西元前 257 年，秦昭襄王嬴稷派兵圍困了趙國都城邯鄲，趙王派人到魏國向魏王和信陵君求救。

圍困趙國的秦國大軍

趙國派人向魏國求援。
君上，我們只怕撐不了多久，城門就會被攻下。
平原君
末將已經派人前往魏國求援了。
你怎麼把箭射出去了！
好險！好險！差點中箭！

虎 符

虎符是古代皇帝授予臣子兵權和調兵遣將用的信物，用青銅做成虎形，分為兩半，其中一半交給地方官吏或統兵將帥，另一半留在中央。只有兩個虎符合併使用時，持符者才可獲得調兵遣將權。

寅初 (3:00)
終於取得虎符了

侯嬴和信陵君一起在等人送來虎符，如姬託人送來了虎符，信陵君十分高興。

子初一刻 (23:15)
魏王不肯發兵救趙

原來魏王收到了秦國的威脅信，魏王很害怕秦國來攻打魏國，立即派人傳令給晉鄙，讓前去救援趙國的大軍駐紮在鄴城，靜觀其變。

子正一刻 (00:15)
盜取虎符

魏王有一個很寵愛的妃子叫如姬，信陵君之前幫助她報了殺父之仇。為了報答信陵君，她偷走了魏王的虎符。

寅初一刻 (3:15)
出發時要帶上朱亥

信陵君準備出發，侯嬴叫住了他。他認為信陵君即便帶了虎符去，晉鄙也不一定會輕易交出兵權。侯嬴要信陵君請朱亥陪他一起去，朱亥勇武，要是晉鄙不交出兵權，就讓朱亥伺機殺了他，奪取兵權。

卯初 (5:00)
朱亥家來了兩位客人

朱亥正準備殺豬，看到信陵君和侯嬴急匆匆地走了過來。他心想，肯定發生什麼大事了。

卯正 (6:00)
幫我去奪兵權

信陵君說明來意之後，朱亥毫不猶豫地答應了他的請求。

朱亥的大錘子

朱亥帶了一把四十斤重的鐵錘在身上，並且把它藏在自己的袖子裡。

卯正二刻 (6:30) 出發去軍營

朱亥和信陵君趕緊驅車前往駐紮在鄴城的魏國大軍軍營。

午初一刻 (11:15) 到達軍營

趕了幾個小時路後，信陵君和朱亥終於來到了魏國大軍的軍營。

午初二刻 (11:30)
虎符在此，晉鄙聽令

兩人進入晉鄙帳中，信陵君拿出虎符，假傳魏王的命令，要求晉鄙交出兵權。

晉鄙居然不買帳

晉鄙見到兵符後，並沒有打算交出軍隊，對信陵君說：「我現在手握十萬大軍，是魏王信任我，你現在單憑一個虎符就想接替我統領魏國大軍，我不相信大王會下這種命令。」

午初三刻 (11:45)
一錘錘死你

還沒有等信陵君開口，朱亥當機立斷從袖筒中掏出了事先帶來的四十斤重的鐵錘，出身屠夫的他臂力驚人，用錘子敲死了晉鄙。

未初 (13:00)
出兵救趙

信陵君接替晉鄙統領魏國的軍隊，整頓完軍隊後，他帶領魏國軍隊前去救援趙國。

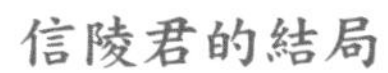

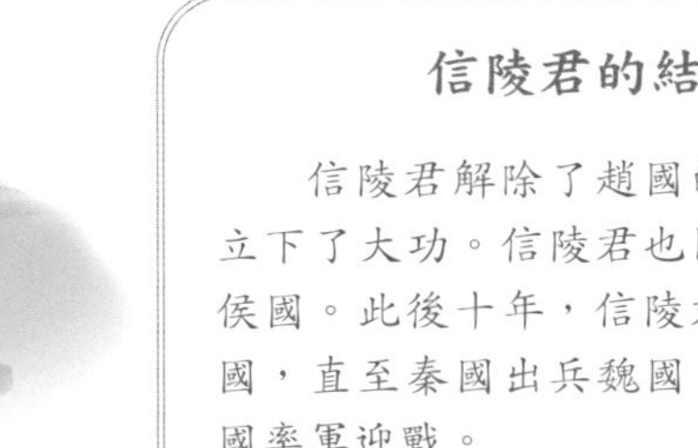

信陵君的結局

信陵君解除了趙國的邯鄲之圍，立下了大功。信陵君也因此戰名揚諸侯國。此後十年，信陵君一直留在趙國，直至秦國出兵魏國，他才趕回魏國率軍迎戰。

荊軻的一天

荊軻，戰國時期衛國人，喜歡讀書和擊劍，曾經周遊列國，西元前 227 年，燕國太子姬丹害怕秦國攻打燕國，於是祕密策劃刺殺秦王。太子姬丹聽說荊軻任俠好義，懇請荊軻來擔此重任。於是，荊軻懷著必死的決心，準備前往秦國。太子姬丹在易水邊為荊軻送行。

荊軻在此拜別！
諸位保重！
荊軻
秦舞陽

先生什麼時候走

王翦率領的秦國大軍滅了趙國後，快到燕國的邊境了，太子姬丹很害怕，於是請求荊軻早日啟程去秦國刺殺秦王，並為他準備了三個「寶物」。

徐夫人的匕首

太子姬丹早就開始尋找天下最鋒利的匕首。他找到趙國徐夫人的匕首，花百金買下它，讓工匠把它浸泡在毒水中，被匕首刺中的人只要流一滴血，便會立刻死亡。

見秦王，總得有個見面禮

荊軻認為見秦王總得有個理由吧，於是提議把秦國叛將樊於期的頭顱和燕國督亢地區的地圖獻給秦王，當作覲見的藉口。太子姬丹不忍心向樊於期提出如此殘忍的要求，荊軻便自己跑去和樊於期說。樊於期對秦王暴政深惡痛絕，欣然同意。

地圖和裝頭顱的盒子

易水送別

太子姬丹派了一名燕國勇士秦舞陽做荊軻的助手，荊軻不以為然。他想等一個朋友來了再走。荊軻的另一位朋友高漸離來到易水邊擊筑為他送行。荊軻唱歌與他相和。之後，荊軻出發前往秦國。

巳初 (9:00)
覲見秦王

經過秦王寵臣蒙嘉的引薦，荊軻和秦舞陽帶著樊於期的頭顱和督亢地圖來到了咸陽宮，他們受到了秦王隆重的接待。

巳初一刻 (9:15)
不可靠的秦舞陽

秦舞陽突然面色蒼白、渾身發抖。秦王便讓荊軻自己將樊於期的頭顱和督亢地圖呈上去。荊軻從秦舞陽手裡接過裝頭顱的盒子，上去獻給秦王。秦王打開木盒，果然是樊於期的頭顱，他十分高興。又叫荊軻呈上地圖。

巳初二刻 (9:30)
圖窮匕見

荊軻把捲起的地圖緩緩打開，直到圖窮匕見。荊軻一隻手抓住秦王的袖子，另一隻手抓住匕首，便向秦王刺去。

秦王大驚，抽身跳起。
大臣們被突如其來的刺殺事件嚇呆了，一下子都反應不過來，不知如何是好。
沒有大王命令，你不能上去。

抓住他！
我……

劍太長了，拔不出來

荊軻拿著匕首，追著秦王繞著柱子跑，秦王的劍太長，情急之下拔不出來。

大家一起乾著急

大臣們都很著急，又沒有秦王的命令，不得上前，只能在底下大喊，助秦王躲避危險。

我砸

侍從醫官夏無且把藥箱砸過去，阻礙了荊軻追擊的腳步，秦王才得以與荊軻拉開一段距離。

秦王把劍挪到背後
終於把劍拔了出來

砍死你

秦王持劍一下刺中了荊軻的腿，荊軻因傷摔倒在地上。

飛刀！最後一搏

荊軻沒辦法了，只好做最後一搏，把匕首朝秦王扔去。秦王一閃，匕首插在了柱子上。

巳初三刻 (9:45)
行刺失敗

荊軻倚著柱子大笑。這時，殿外的侍衛們接到命令衝上前來殺死了荊軻，而秦舞陽也被侍衛砍殺於朝堂。

刺殺不成功，後果很嚴重

事後秦王大怒，命令大將軍王翦攻打燕國。燕王很害怕，聽從謀士的建議，殺死了太子姬丹向秦國求和，但最終還是改變不了亡國的命運。西元前 222 年，燕國被秦國所滅。

王著的一天

王著是元朝益都（今山東省青州市）的千戶，疾惡如仇。1282 年，元世祖至元十九年，平章政事阿合馬專權，把選拔任用官員的權力握在自己手裡，貪婪驕橫，人們對阿合馬充滿怨恨。王著想刺殺阿合馬，為天下人除害。

阿合馬
滾開！
大人，可憐可憐我們吧！
你們居然敢在中書省門口亂塗亂畫！

行刺機會來了

至元十九年（1282 年）三月，太子真金隨從元世祖忽必烈從京城去上都。這給王著刺殺阿合馬製造了機會。他派人找了一個體形、長相和太子相似的人，打扮成太子的模樣，在城外等候。

巳初二刻 (9:30)
開始實施計劃

王著和僧人高和尚密謀刺殺阿合馬。他們假稱太子回京城參加佛事，集結了八十多個人，命兩個僧人去中書省傳令，讓中書省幫忙採買供奉神佛的用品。

未初 (13:00)
假傳太子旨意

王著偽造了太子的旨意，又派人送給樞密副使張易，請他晚上派兵在東宮前集合以保護太子，營造太子要回宮的氛圍，讓阿合馬上當。

去樞密院傳旨的僧人

未初二刻 (13:30)
張易上當了

張易沒有察覺其中有假，就命令指揮使顏義領兵前去東宮。

元寶

元代稱金銀錢為元寶，是元朝之寶的意思。

申初二刻 (15:30) 再騙一下

王著自己騎馬去見阿合馬，詐稱太子將要回來，說太子命令中書省的官員晚上全部都在宮門前等候。

阿合馬擔任中書省平章政事期間，貪斂了大量的金銀財寶。

申初三刻 (15:45) 阿合馬也沒懷疑

阿合馬一聽太子要回來，不敢怠慢，馬上派遣右司郎中脫歡察兒騎馬出城迎接太子。

中書省

忽必烈即位後，開始採用宋朝官制，之後設立中書省總理全國政務。中書省是元朝最高行政機構。

申正 (16:00) 去接太子

脫歡察兒帶了一隊人馬，出城去迎接太子。

戌正 (20:00)
可不能被他識破了

脫歡察兒等人往北走了十幾里地，碰上了護送假太子回京的王著一夥人。

戌正一刻 (20:15)
先下手為強

假太子找藉口責備脫歡察兒等人無禮，趁機把他們全都殺了，避免露出破綻。

亥初二刻 (21:30)
夜色讓人發現不了破綻

王著一行人往南進入健德門。當時天色已晚，守城的士兵沒有人敢問什麼，這夥人暢通無阻，一直行到東宮的宮門前。

倒楣的脫歡察兒

阿合馬，你的手下太無理了！

不敢……

事先準備好的大銅錘
就藏在了王著的衣袖裡

亥正 (22:00)
找個理由罵幾句

在宮門前，假太子坐在馬上，傳喚平章政事阿合馬來到馬前，假意責罵他。

亥正一刻 (22:15)
為民除害

王著乘勢把阿合馬拉到一邊，掏出藏在袖子裡的銅錘，一下子砸碎了他的腦袋，阿合馬當場斃命。

英勇就義

刺殺阿合馬的事件發生之後，高和尚逃走了，王著挺身而出，要求官兵把自己囚禁。後來，高和尚在高梁河被抓。元世祖急忙從上都返京，命令逮捕涉事的人。督辦此事的官員下令把王著、高和尚誅殺。

反轉的結局

等到查明阿合馬是個大奸臣之後，元世祖下令把阿合馬的屍體從墓裡面挖出來，抄家誅族。元世祖說，王著把阿合馬殺了，的確是對的。

張汶祥的一天

張汶祥是清朝末年一個身分不詳、背景神秘的人。1870 年 8 月 22 日（同治九年七月二十六日），兩江總督馬新貽在總督府門前被人刺殺。此案疑霧重重，廣為流傳，成為晚清的四大奇案之一。據說是張汶祥所為。

迴避
肅靜
迴避
肅靜
馬新貽
張汶祥
機會來了！
不准再往前走！
夫人，我賣的皮草是最好的！

刺殺馬新貽

朝廷要裁撤湘軍

曾國藩統領的湘軍在鎮壓太平天國的過程中逐步壯大，引起清朝政府忌憚，朝廷將曾國藩調離兩江總督的職位，再派淮軍出身的馬新貽接任，負責裁撤湘軍，並祕密調查湘軍私吞太平天國金銀財寶的事。

辰正二刻 (8:30) 看看大家的武藝

上午，馬新貽例行到總督衙門西邊去閱軍，檢閱官兵射箭。

兵與勇

兵是清代國家常備武裝力量，包括八旗軍和綠營軍，是一種世襲職業。勇是軍隊臨時招募的百姓，戰事完畢後立即解散，勇不是國家的正式軍隊的兵員。

午初 (11:00) 威風凜凜地回家

馬新貽帶著他的隨從們步行從側門回總督府。

午初二刻 (11:30) 突發意外

當馬新貽一行人走到官署側門時，張汶祥從旁邊突然衝出來，直撲馬新貽。馬新貽右肋中刀，當即倒在地上，被人迅速抬回總督府，次日他傷重不治身亡。

午初三刻 (11:45) 殺了人也不跑

張汶祥殺人後並沒有著急逃走，而是高喊：「殺人的是我張汶祥！」

原因猜測

正統的觀點認為刺馬案背後主使極有可能是湘軍高層，與馬新貽調查湘軍私吞太平天國的金銀財寶有關。馬新貽被刺後，立即有「刺馬案」戲曲上演，大量的野史、筆記、小說、戲曲，多種版本的演繹，更是令「刺馬案」真相撲朔迷離，無從考證。

刺馬案之奇

首先，張汶祥刺殺馬新貽後的表現讓人稱奇，能逃卻不逃。

第二，案件受重視的程度令人稱奇。慈禧太后親自過問此案，多次派出重量級的欽差大臣審理此案，但遞交的報告都不能讓慈禧太后滿意。

第三，案件審理的過程很漫長，總共用了一年零三個月。

第四，結案稱得上是不了了之。案件最終為張汶祥定的是「漏網發逆」和「復通海盜」的罪名，將張汶祥處決。以一種最簡單、疑點重重的罪名結案，令人稱奇。

正是因為以上四個疑點的存在，張汶祥刺殺馬新貽的案件被列為清末四大奇案之首。

刺馬案的野史演義

結義

清朝同治年間，河南俠士張汶祥與安徽團練副使馬新貽及武師曹二虎、石錦標四人結拜為兄弟。

見色忘義的大哥

曹二虎的妻子生得美貌動人，馬新貽貪戀其美色，伺機殺了曹二虎，並霸占了他的妻子。

企圖對兄弟趕盡殺絕

石錦標、張汶祥得知此事後怒火萬丈，準備為義弟曹二虎報仇。馬新貽聞訊，隨即派人捕殺二人。張汶祥、石錦標連夜逃往他鄉。

飛刀，又見飛刀

張汶祥結識了覺海寺武僧潮音大師，潮音大師擅長飛刀絕技，見張汶祥豪爽，破例教他擲飛刀的絕技。

送你兩把柳葉飛刀

潮音大師在鐵匠鋪預訂了一對柳葉飛刀，並贈予張汶祥。

將飛刀淬毒

張汶祥暗地裡將一對飛刀塗上毒，包起來放到身上，準備向馬新貽復仇。

復仇成功

石錦標打探到馬新貽升任兩江總督，並告訴了張汶祥。此後張汶祥潛伏在總督府周圍，將鋒利的柳葉飛刀插入馬新貽胸口，馬新貽當場斃命。

《清稗類鈔》裡有多種戲說

書中記錄了張汶祥刺殺馬新貽的三種動機，張汶祥為兄弟報仇只是其中說法之一。

第二種說法是張汶祥得知馬新貽跟人造反，於是義憤填膺：「此等逆臣，吾必手刃之。」

第三種說法是張汶祥的典當行被馬新貽下令關閉，他的老婆又自殺了，於是張汶祥遷怒於馬新貽，釀成了命案。

古代計時方式

【古代十二時辰與現代 24 小時制對照圖】

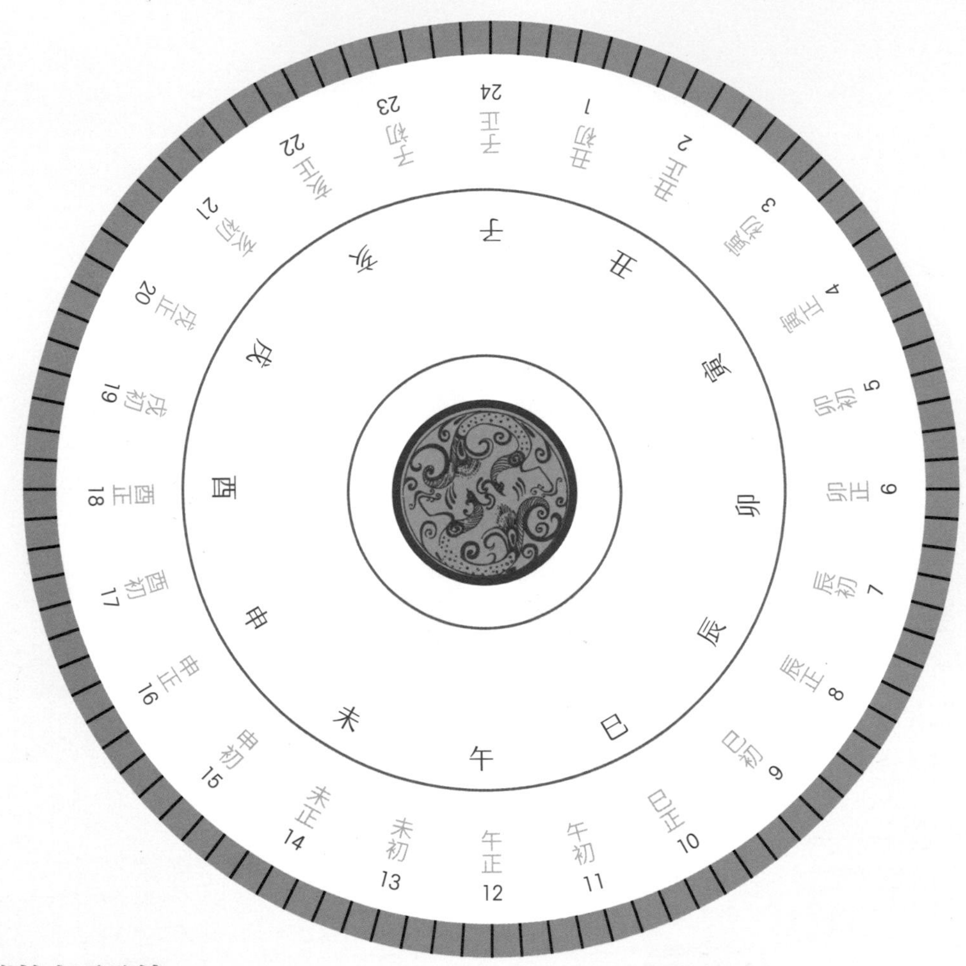

一刻等於十五分鐘

約西周之前，把一天分為一百刻，後來又改百刻為九十六刻、一百零八刻、一百二十刻。所以不同時代每個時辰對應的刻度可能會有差別。《隋書·天文志》中記載，隋朝冬至前後，子時為二刻，寅時、戌時為六刻，卯時和酉時為十三刻。到了清代，官方正式將一天定為九十六刻，一個時辰（兩個小時）分八刻，一小時為四刻，而一刻就是十五分鐘，一直沿用至今。

時辰的劃分

時辰是中國古代的計時方法。古人把一天分為十二個時辰，並用十二地支來表示時辰。如：子時(23:00–1:00)、丑時 (1:00–3:00)，以此類推。到唐代以後，人們把一個時辰分為初、正兩部分，細化了時間劃分，方便了人們的生活。

晨鐘暮鼓

古代城市實行宵禁，定時開關城門，在有的朝代，早晨開城門時會敲鐘，晚上關城門的時候會擊鼓。鼓響了之後，在城內、城外的人都要及時回家，不然城門一關就回不了家了。

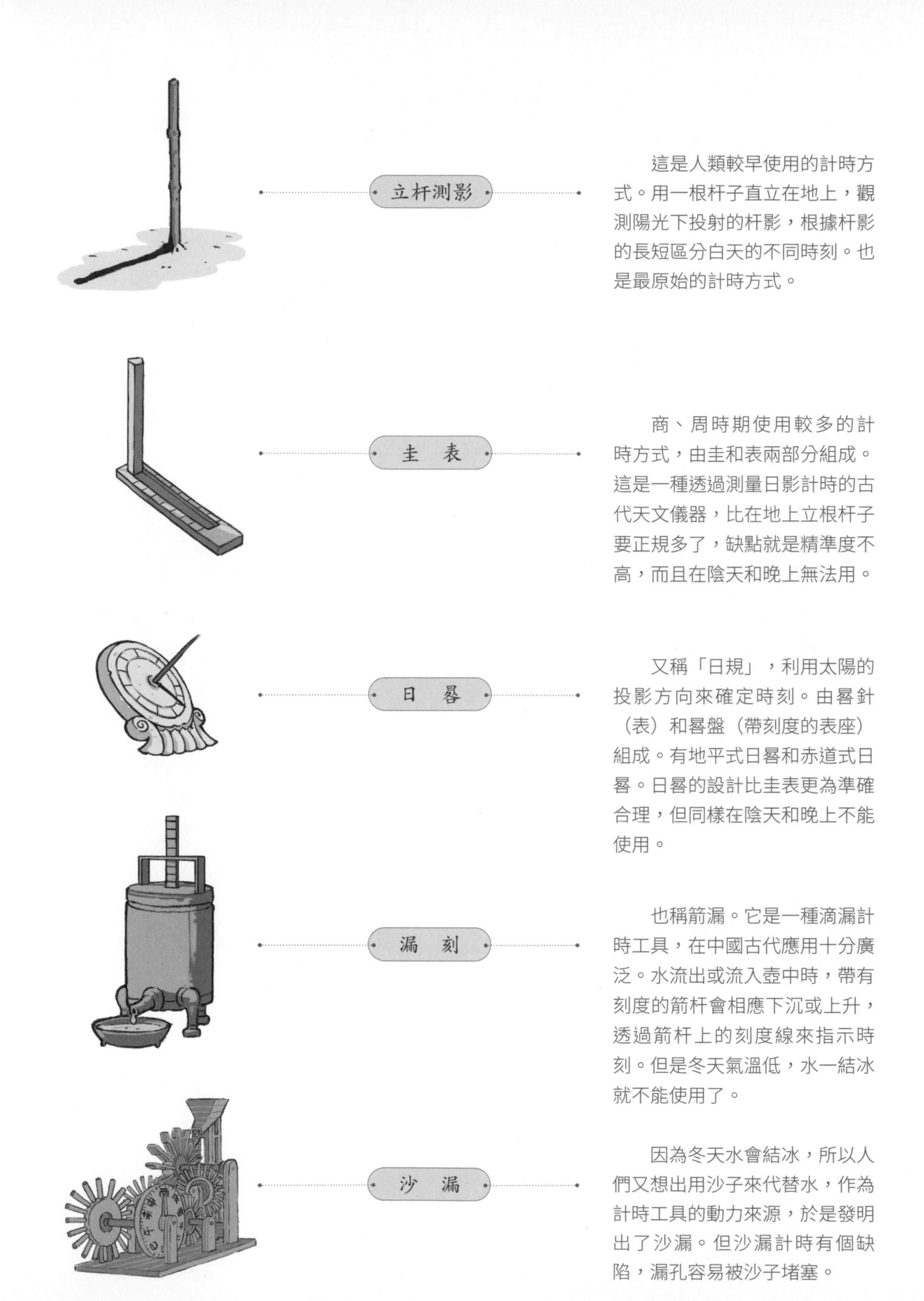

這是人類較早使用的計時方式。用一根杆子直立在地上，觀測陽光下投射的杆影，根據杆影的長短區分白天的不同時刻。也是最原始的計時方式。

商、周時期使用較多的計時方式，由圭和表兩部分組成。這是一種透過測量日影計時的古代天文儀器，比在地上立根杆子要正規多了，缺點就是精準度不高，而且在陰天和晚上無法用。

又稱「日規」，利用太陽的投影方向來確定時刻。由晷針（表）和晷盤（帶刻度的表座）組成。有地平式日晷和赤道式日晷。日晷的設計比圭表更為準確合理，但同樣在陰天和晚上不能使用。

也稱箭漏。它是一種滴漏計時工具，在中國古代應用十分廣泛。水流出或流入壺中時，帶有刻度的箭杆會相應下沉或上升，透過箭杆上的刻度線來指示時刻。但是冬天氣溫低，水一結冰就不能使用了。

因為冬天水會結冰，所以人們又想出用沙子來代替水，作為計時工具的動力來源，於是發明出了沙漏。但沙漏計時有個缺陷，漏孔容易被沙子堵塞。

日本忍者

日本各地雖有諸多忍術流派，但追根究柢，忍術的源頭都要上溯到伊賀（三重縣西北部）、甲賀（滋賀縣南部）兩地。兩地的忍者祖出同源，多是親戚關係。但若彼此的雇主（主君）處於敵對關係，他們便不得不同室操戈，甚至兄弟鬩牆。

忍者又分為上忍、中忍、下忍。上忍，專門策劃整體作戰步驟的忍者。中忍，忍術超然出眾的指揮官。下忍，是在最前線作戰的忍者，相當於特種部隊。

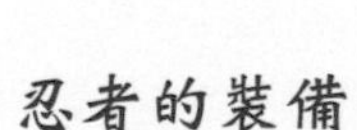

忍者的裝備

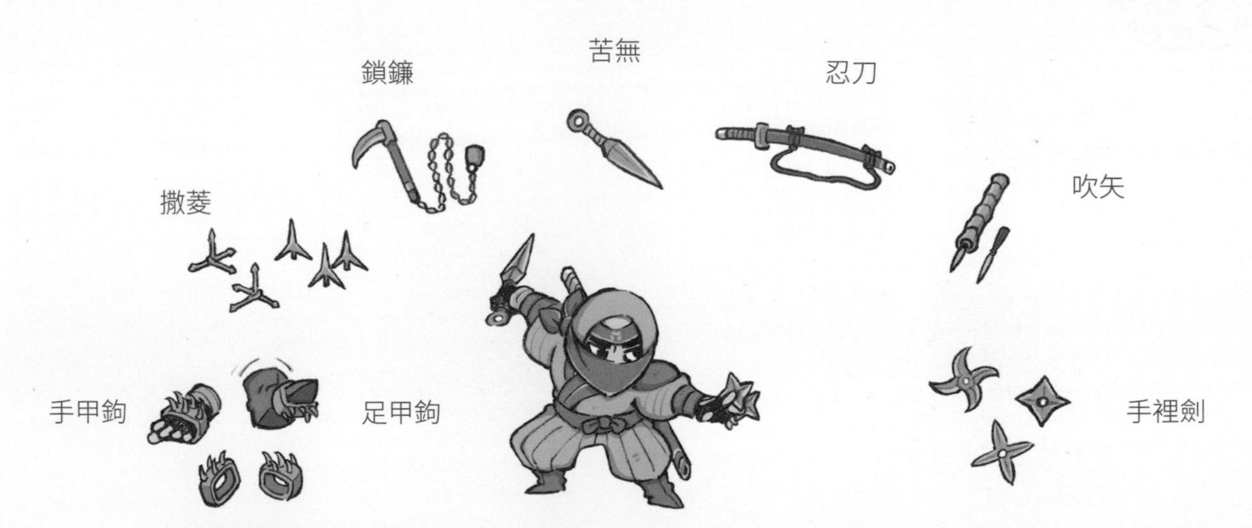

忍者五道

忍者五道指「食、香、藥、氣、體」。忍者須將自己和外界環境合二為一，以便更順利地完成任務。所以他們透過忍者五道來完成日常的修行和鍛鍊。

食

注意飲食，保持體重，
因為忍者不能太重。

香

就是透過改變氣味，
來達到掩蓋身分的目的。

藥

草藥，可以治療傷口。

氣

透過養氣來保持氣定神閒，
訓練處變不驚的本領。

體

體能是完成任務的根本。

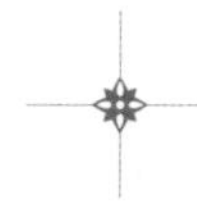

五行遁術

五行遁術指忍者任務完成撤離現場，或是任務失敗之後逃命的各種辦法。

金遁

利用忍刀的反光來逃逸。

水遁

從水路逃走。

火遁

利用煙火製造混亂，掩護自己撤離。

木遁

借用草木的掩護溜走。

土遁

借用地道逃離。

古今「俠客」裝備比較

現代「俠客」

鑰匙刀

毒藥戒指

毒藥眼鏡

粉底手槍

手套手槍

口紅手槍

雨傘手槍

袖珍手槍

鞋底匕首

手提包微型衝鋒槍

狙擊槍

番外篇 俠客交流會

俠客一定要多才多藝。我就是烤得一手好魚，所以得到了刺殺的機會。
專諸

朱亥
我會殺豬算不算。
豫讓

我是玩錘子的高手。
朱亥

我也是玩錘子的，交流一下。
王著

俠客必備的技能是易容術，易容漆可以幫你輕鬆實現。
豫讓

要不要試試易容漆？
豫讓

不需要！

錘子的使用技巧就是要出其不意……
朱亥
王著

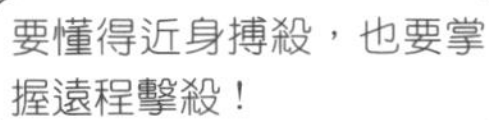

要懂得近身搏殺，也要掌握遠程擊殺！

荊軻

張汶祥
老兄好像兩樣都不精呀。

飛刀一定要快、狠、準！

張汶祥
荊軻
老弟教我兩招。

用我的易容漆。
豫讓
易容漆——俠客的最愛。

我親手調配的易容漆，保證用了後連你老婆都不認得你。
張汶祥

豫讓，你知道為什麼趙襄子在橋上就發現你了嗎？就是因為你的漆塗在身上味道太重，隔老遠就聞到了！
豫讓
荊軻

俠客的一天

參考書目

（漢）司馬遷，《史記》。
（明）宋濂等，《元史》。
（漢）趙曄，《吳越春秋》。
（明）馮夢龍，《東周列國志》。
（清）徐珂，《清稗類鈔》。
鍾敬文，《中國民俗史・宋遼金元卷》，人民出版社。
沈從文，《中國古代服飾研究》，商務印書館。
劉永華，《中國古代軍戎服飾》，清華大學出版社。
劉永華，《中國歷代服飾集萃》，清華大學出版社。
劉永華，《中國古代車輿馬具》，清華大學出版社。
林永匡，《清代衣食住行》，中華書局。
韓志遠，《元代衣食住行》，中華書局。
王其鈞，《古建築日讀》，中華書局。
李乾朗，《穿牆透壁：剖視中國經典古建築》，廣西師範大學出版社。
侯幼彬、李婉貞，《中國古代建築歷史圖說》，中國建築工業出版社。
（日）黑井宏光，《忍者大揭祕》，東方出版社。